DESCUBRIENDO EL MUNDO

Los animales de la sabana

Christine Pompéï

Date: 8/30/19

SP J 591 POM
Pompéï, Christine,
Los animales de la sabana /

PALM BEACH COUNTY
LIBRARY SYSTEM
3650 Summit Boulevard
West Palm Beach, FL 33406-4198

Índice

El león　　　4

La jirafa　　　8

La cebra　　　12

El cocodrilo　　　16

El avestruz　　　20

El guepardo　　　6

El simio　　　10

El rinoceronte　　　14

El elefante　　　18

El facóquero　　　22

El león

¡Grrrrr! ¡Soy el rey de los animales y este es mi rugido! Tengo el pelaje de un color rojizo y una melena alrededor del cuello. Vivo en grupo. Soy carnívoro y por eso como… ¡carne! Con mi cuerpo musculoso y mis mandíbulas potentes, soy un animal muy peligroso.

¿Ya lo has adivinado? Soy… el león.

¡RECUERDA!
¿Cómo se llama el grito del león? El rugido. El león ruge.
¿Cómo se llaman la madre y el bebé león? La leona y el cachorro de león.

¿LO SABÍAS?
¡El león duerme o descansa alrededor de 20 horas al día!

EXPRESIONES
De una persona que no tiene miedo a nada, decimos que es valiente como un león.
¿Y cómo come alguien que devora mucho y muy deprisa? ¡Como un león!

El guepardo

Soy un felino de color rojizo con manchas negras. Tengo las patas largas y finas, una cabeza pequeña y dos rayas negras que me bajan desde los ojos por los dos lados del hocico, como si fueran ríos de lágrimas. Soy el animal terrestre más rápido del mundo, y puedo correr a más de 100 kilómetros por hora. Soy primo de la pantera.

¿Ahora ya me has reconocido? Soy… el guepardo.

¡RECUERDA!
Las dos rayas negras que bajan de los ojos del guepardo se llaman *líneas de lágrimas*. Pero no son lágrimas. ¡El guepardo no llora, no te preocupes por él!

¿LO SABÍAS?
¿A qué animal doméstico se parece el guepardo? ¡Al gato, pero mucho más grande!
El guepardo no ruge. Lanza unos gritos muy bajitos que se parecen extrañamente a los trinos de los pájaros. ¡Seguro que mirarás bien a tu alrededor la próxima vez que oigas un pío, pío!

EXPRESIÓN
¡Si te digo que eres rápido como un guepardo, es que vas muy deprisa!

La jirafa

¡Soy un animal con un cuello muy largo y puedo llegar a los seis metros de altura! Tengo manchas amarillas y marrones por todo el cuerpo y, en la cabeza, dos cuernos pequeños y cubiertos de piel. Soy herbívora: como las hojas que arranco de los árboles con mi lengua de un color negro azulado.

¿Me has reconocido? Soy… la jirafa.

¿CUÁNTAS CRÍAS TIENE LA JIRAFA?

Normalmente, la jirafa tiene solo una cría en cada parto, pero a veces nacen gemelos. ¡Es un bebé grande, porque puede medir más de 1,7 metros! Y, a los seis meses, la cría de la jirafa llega a los tres metros!

¡QUÉ SED!

Las jirafas solo necesitan beber agua una vez cada dos días, ¡menos mal! Para ellas, beber supone un gran esfuerzo debido a su altura, ya que deben extender sus patas de lado a lado y estirar el cuello hacia abajo. En esta posición, los depredadores lo tienen fácil para atacarlas.

El simio

¡Uh, uh, ah, ah! Grito, aúllo o chillo. Soy conocido por mis bromas y tengo fama de que me gusta hacer el payaso. ¡A pesar de ello, soy uno de los animales terrestres más inteligentes! Como hojas, flores y frutas, especialmente plátanos y, a veces, insectos, pájaros e incluso lagartos, según sea mi especie. Me refugio y descanso arriba de los árboles. Mi madre es una mona.

¿Ya me has reconocido? Soy… el simio.

¿LO SABÍAS?

Si te dijera que existen simios verdes, ¿me creerías? ¡Pues sí! El mono verde vive en la sabana. Tiene la cara y las manos negras, y el pelaje de su lomo es verdoso, de ahí el nombre de *mono verde*. ¡Imagínate! ¡Entre las especies de simios verdes, hay algunas que tienen las nalgas azules!

¿CÓMO SE LLAMAN EL SIMIO MÁS GRANDE Y EL MÁS PEQUEÑO DEL MUNDO?

El gorila es el simio más grande, y el más pequeño es el tití.

EXPRESIÓN

Como seguramente eres muy guapo y gracioso, dirán de ti que eres muy mono.

La cebra

Soy rayada en negro y blanco, tengo una crin corta y unas orejas grandes. Mi tamaño es más o menos como el de un caballo, tal vez un poco más pequeña, según la especie. Soy herbívora y me alimento principalmente de hierba. Si estoy en peligro, puedo correr muy rápido, a más de 60 kilómetros por hora. Para defenderme uso las pezuñas, que son muy cortantes.

¿Ya me has encontrado? Soy… la cebra.

¿CÓMO SE LLAMA LA CRÍA DE LA CEBRA?
La cría de la cebra, como la del caballo, se llama *potro*.

EXPRESIÓN
¿Por qué llamamos *pasos de cebra* a los pasos de peatones? Porque son rayados en blanco, como estos curiosos animales de la sabana.
¿Por qué puede decirse, con humor, que la cebra va en pijama? Por sus rayas blancas y negras.

RAYAS Y MÁS RAYAS
Las cebras tienen rayas como método de defensa, ya que confunden a los insectos y así no se les acercan.

El rinoceronte

Doy barritos, pero no soy un elefante. Soy de color gris o marrón. Tengo el cuerpo grande, una piel gruesa y rugosa, las patas cortas y uno o dos cuernos sobre el hocico. Soy herbívoro y me alimento de hojas, de cortezas y de ramas. Me gusta sobre todo el agua.

¿Ya lo has adivinado? Soy… el rinoceronte.

¿LO SABÍAS?
La palabra *rinoceronte* viene del griego y significa literalmente 'nariz de cuerno'. El rinoceronte fue llamado así por su cuerno puntiagudo.

¿CÓMO SEDUCE EL RINOCERONTE MACHO A LA HEMBRA?
El rinoceronte tiene un método de seducción particular: marca su territorio con orina y excrementos, y después usa la cola como ventilador para expandir el perfume. ¡Puaj, es repugnante!

EL EMBARAZO
El embarazo de la hembra rinoceronte dura entre 16 y 18 meses.

El cocodrilo

Los huevos que pone mi madre son, más o menos, del mismo tamaño que los de las gallinas. ¡Pero yo no tengo nada que ver con un pollito! Soy un reptil. Tengo cuatro patas cortas y un morro largo y triangular, con unas mandíbulas fuertes que contienen dientes puntiagudos. ¡Clac, clac! Vivo en las aguas cálidas de ríos y de arroyos, de lagos y de pantanos. ¡Y siembro el terror, porque soy temible y muy feroz!

¿Lo has adivinado? Soy… el cocodrilo.

HUEVOS
La madre cocodrilo es ovípara. Eso quiere decir que pone huevos. Las gallinas, las tortugas y los pájaros son animales ovíparos.

¿LO SABÍAS?
A veces, la madre cocodrilo se mete en la boca al bebé cocodrilo. Lo hace para transportarlo y para protegerlo en caso de peligro. El cocodrilo tiene unos 60 dientes, de media. Los va perdiendo a lo largo de toda su vida, pero los dientes nuevos ocupan el lugar de los viejos. ¡Qué práctico!

EXPRESIÓN
Si haces como que lloras, pero no es verdad, o si finges un disgusto, te dirán que lo tuyo son «lágrimas de cocodrilo».

El elefante

Soy herbívoro y por eso me alimento de hierba y vegetales. Dicen que barrito. Tengo una trompa con la que puedo comer, beber, sentir y también ducharme. Tengo dos colmillos y dos orejas grandes y caídas.

¿Me has reconocido? Soy… el elefante.

¿LO SABÍAS?

¿Por qué el elefante adora los baños de barro? Los numerosos pliegues de su piel alojan a un montón de parásitos. Los baños de barro le permiten quitárselos de encima.
¿Cuál es el grito del elefante? El barrito. El elefante barrita.

¿CUÁNTO DURA EL EMBARAZO DE LA ELEFANTA?

Después de un embarazo de unos 22 meses, nace una cría que pesa ya tanto como una persona adulta.

EXPRESIÓN

Si tienes muy buena memoria, dirán que tienes una memoria de elefante. ¡El elefante tiene, en efecto, una memoria increíble! ¿Te acordarás? ¡Claro que sí, porque tienes una memoria de elefante!

El avestruz

Soy grande y fuerte. Aunque soy un ave, no puedo volar. Por el contrario, puedo correr muy rápido. ¡Incluso soy más rápido que la leona! Tengo el cuello largo, dos ojos grandes y la cabeza pequeña y peluda. Tengo muchas plumas sobre el cuerpo. Pongo huevos, de los que nacen mis pollitos.

¿Ya lo has adivinado? Soy… el avestruz.

EXPRESIÓN

Esconder la cabeza como un avestruz significa 'esconderse de los problemas'. Esta expresión viene de una falsa creencia: se piensa a menudo que el avestruz esconde la cabeza en la arena para no ver el peligro. ¡Pero es falso! Cuando el avestruz baja la cabeza a ras del suelo, es para comer, para protegerse de una tormenta de arena o, incluso, para escuchar mejor a sus depredadores.

¿LO SABÍAS?

¿Cómo se defiende el avestruz de un animal que lo ataca? El avestruz huye y corre tan deprisa que se escapa de su adversario. O, a veces, lo golpea violentamente con sus patas musculosas y potentes. ¡Y zas! ¡Ay, ay, ay!

¿LO SABÍAS?

¿Quién incuba los huevos? ¿El padre o la madre avestruz? Las tareas están bien repartidas. El macho incuba los huevos por la noche y la hembra, por el día. El macho tiene las plumas negras y la hembra, más pequeña, las tiene de color gris.

El facóquero

Soy un cerdo salvaje de color marrón o gris oscuro. Tengo una crin en la parte más alta del lomo y grandes colmillos curvados hacia arriba. Gracias a ellos, puedo desenterrar las raíces. No soy muy guapo. Tengo la cabeza recubierta de grandes verrugas. ¡Y, además, me encanta rebozarme en el barro!

¿Me has reconocido? Soy… el facóquero.

¿LO SABÍAS?
¿Cómo se llama el bebé facóquero? Lechón, como la cría del cerdo y del jabalí.
El facóquero se parece a un jabalí.

¿PARA QUÉ LE SIRVEN LOS COLMILLOS?
Le sirven especialmente para desenterrar las raíces y los bulbos, y también para defenderse de los depredadores.

TOMA NOTA
En griego antiguo, verruga se decía *phakos*. La palabra *facóquero* viene, pues, del griego antiguo, y significa literalmente 'un cerdo con verrugas'.

La gacela

Soy un antílope pequeño, ¡y muy ágil! Soy una auténtica campeona de la velocidad! También soy muy buena en salto de altura y en salto de longitud. Boing, boing, boing... Doy saltos de muchos metros como si me impulsara un muelle. También soy muy bonita, con mis patas largas y finas, mi aire gracioso y mis grandes ojos irresistibles.

¿Ya me has descubierto? Soy... la gacela.

¿A QUIÉN SE PARECE LA GACELA?

A un antílope pequeño. Es muy bonita, con sus largas y finas patas y sus grandes ojos. También es muy elegante.

¿LO SABÍAS?

Si la gacela participara en una competición deportiva, ¿en qué disciplinas podría ganar? La gacela podría ganar una medalla en carreras de velocidad, en salto de altura y en salto de longitud.

EXPRESIONES

Si en la zona de juegos, saltas y corres muy rápido, te dirán que corres como una gacela, ¡porque es muy difícil de atrapar!

Si te propusiera «cuernos de gacela» como postre, ¿qué dirías? ¡No, no digas «puaj» mientras echas a correr! En realidad, son unas deliciosas pastas orientales en forma de cuerno. ¡Y ñam, ñam, ñam, están de rechupete!

La hiena

Soy célebre por mi grito, que suena como una risa muy desagradable. ¡Hihihihihi! Por eso dicen que me burlo. Me parezco un poco a un perro grande. Puedo tener la piel rayada o manchada y tengo una pequeña crin. Soy carnívora y, por eso, tengo unas mandíbulas muy fuertes que me permiten triturar los huesos. Tengo fama de fea y pestilente.

¿Ya me has reconocido? Soy… la hiena.

¿LO SABÍAS?
Los excrementos de la hiena son blancos. ¿Sabes por qué? Es por la cantidad de huesos que come.

¿QUÉ TIENEN EN COMÚN UNA BRUJA Y UNA HIENA?
El grito de la hiena se parece a la risa de una bruja. Las dos son feas. Y, con tantas pociones, seguro que la bruja tampoco huele bien…

EXPRESIÓN
Si te burlas de alguien con una risa de aire malvado, dirán que te ríes como una hiena. ¡Hihihihihi! ¡Pero no te lo dirán, porque tú no harás nunca una cosa así!

La pantera

Soy la prima del guepardo. Puedo ser amarilla con manchas negras, pero también toda negra. Soy un animal solitario y carnívoro, por eso como… carne. Gracias a mis garras, puedo trepar por los árboles y, por cierto, es en los árboles donde escondo las presas que atrapo.

¿Lo has adivinado? Soy… la pantera.

¿LO SABÍAS?
La pantera tiene otro nombre: leopardo. La pantera y el leopardo son, por tanto, el mismo animal.

¿CONOCES UNA PANTERA DE UN COLOR ORIGINAL?
¡Sí! ¡La Pantera Rosa! Un personaje de películas y de dibujos animados.

¿EL SERVICIO, POR FAVOR?
¿Qué hace la pantera para delimitar su territorio e impedir que las otras panteras vayan a cazar en él? Hace pis en los árboles y los araña para marcar su territorio. Es su forma de decir a las otras panteras: ¡prohibido entrar!

La pitón

Ssss... Ssss... Ssss... Silbo y me desplazo reptando, porque no tengo patas. Tengo el cuerpo recubierto de escamas. No soy venenosa, pero soy, como mínimo, peligrosa. Soy una serpiente constrictora, lo que significa que mato a mis presas enrollándome a su alrededor. Después me las trago directamente, sin masticarlas. ¡Glups!

¿Ahora ya lo has adivinado? Soy... la pitón.

¿LA PITÓN COME CORRECTAMENTE?

¡No, evidentemente! Porque engulle sin masticar. Por eso tarda tanto tiempo en hacer la digestión. No comas nunca como una pitón y mastica bien los alimentos para digerirlos correctamente. ¡Eso te evitará dolor de estómago!

¿LO SABÍAS?

¿Cómo se desplaza la pitón? ¡Como todas las serpientes, reptando! Las serpientes son sordas, porque no tienen orejas. Pero sienten dentro de su cuerpo las vibraciones del suelo.

¡REAL!

La pitón real es una variedad que debe su nombre a la reina Cleopatra. Se dice que la reina Cleopatra habría llevado pitones alrededor de las muñecas... Originales como pulseras, ¿no?

El flamenco rosa

Tengo largas patas palmípedas, el cuello largo y las plumas rosas. Me alimento de insectos, de larvas, de algas, de crustáceos… De hecho, debo en parte mi color rosa a la gran cantidad de gambas que como. Vivo en grupo. No me acuesto para dormir, sino que lo hago de pie sobre una o las dos patas, con la cabeza escondida bajo una de mis alas. Tengo un primo que se me parece y que se llama *flamenco rojo*.

¿Ahora ya lo has adivinado? Soy… el flamenco rosa.

¡RECUERDA!
¿Por qué el flamenco rosa es rosa? Debe su color a la gran cantidad de gambas que come.
El flamenco rosa no se acuesta para dormir. Duerme sobre una o dos patas, con la cabeza escondida bajo un ala.

¿LO SABÍAS?
¿El bebé de un flamenco rosa es rosa? ¡No! Los bebés de los flamencos rosa son grises.

¿FLAMENCO ROSA O FLAMENCO ROJO?
La diferencia entre el flamenco rosa y el flamenco rojo está en el lugar donde viven. El flamenco rosa es la especie más común, y vive principalmente en África y Asia. El flamenco rojo vive en América.

El loro

Soy un ave multicolor magnífica. Tengo un pico ganchudo y me alimento sobre todo de granos y de frutas. Soy particularmente inteligente. Imitador formidable, puedo articular las palabras que me enseñan y repetirlas con una voz chirriante.

¿Ahora ya me has encontrado? Soy… el loro.

¡RECUERDA!
¿Qué come el loro? Se alimenta sobre todo de granos y de frutas. Es vegetariano.

¿DE QUÉ COLOR ES EL LORO?
El loro es de muchos colores, es un ave multicolor.

EXPRESIÓN
Si repites lo que has oído sin entenderlo realmente, dirán de ti que hablas como un loro.
Es increíble el talento del loro, ciertas especies de loro pueden imitar la voz humana y repetir las palabras que les enseñan.

El búfalo

Soy un toro salvaje y un gran herbívoro, es decir, como mucha hierba. También soy fuerte y musculoso. Si alguien viene a embestirme, sé defenderme muy bien cargando contra el adversario con mis cuernos. Es mejor, pues, no ponerme nervioso, porque puedo ser peligroso. Soy capaz de matar tanto a los leones como a los cazadores.

¿Ahora ya lo has adivinado? Soy… el búfalo.

¡RECUERDA!
¿Qué come el búfalo? El búfalo es herbívoro. Se alimenta principalmente de hierba.

¿LO SABÍAS?
Según el lugar en el que viven, distinguimos tres especies de búfalos: el búfalo asiático es doméstico; el búfalo americano es salvaje y se llama bisonte; y el búfalo africano, también salvaje, es el más grande y fuerte de todos.

¿CÓMO SE LLAMAN MIS PRIMOS?
Tengo muchos primos: los bisontes, los búfalos de Asia y los bovinos domésticos.

36

El serval

Soy un felino. Más grande que un gato, me distingo por mis patas largas y delgadas y por mis grandes orejas de puntas redondeadas. Tengo la piel manchada. Soy carnívoro y como muy deprisa. También corro muy rápido, hasta los 80 kilómetros por hora, y puedo tanto nadar como trepar por los árboles. Soy un animal bastante cordial y fácil de domesticar.

¿Me has reconocido? Soy... el serval.

¡MIAUUU!
¿A qué animal doméstico se parece el serval? A un gato grande.

¿LO SABÍAS?
El serval puede orinar 30 veces por hora para marcar su territorio. El serval sabe escupir, gruñir y maullar. ¡Un animal divertido!

¡RECUERDA!
¿Qué distingue al serval de los otros felinos? El serval se distingue por sus patas largas y delgadas y sus orejas de punta redondeada.

El hipopótamo

Tengo una cabeza grande con unas orejas diminutas y una boca enorme con unos colmillos que pueden llegar a medir ¡más de 60 centímetros! Me alimento de vegetales. Soy un animal anfibio. Eso quiere decir que vivo a la vez dentro del agua y en la tierra. Mi piel es muy sensible al sol. Cuando hace calor, me meto en el agua y solo se me ven las fosas nasales.

¿Me has reconocido? Soy… el hipopótamo.

¿CÓMO SE PROTEGEN DEL SOL LOS HIPOPÓTAMOS?

Para protegerse del sol, los hipopótamos se bañan. Cuando están fuera del agua, su piel excreta una especie de protector solar natural de color rojizo que parece «sudor de sangre». ¡Pero no es ni sangre ni sudor!

¡RECUERDA!

Es un animal que vive a la vez dentro del agua y sobre la tierra, un animal anfibio.
El hipopótamo no usa los dientes para cortar la hierba, la coge con los labios. Come unos 40 kilos de materia vegetal al día.

40

¿LO SABÍAS?
Cuando el hipopótamo bosteza, no es necesariamente de fatiga. Sus bostezos son a menudo un gesto de amenaza destinado a desafiar a sus adversarios. Abre la enorme boca para mostrar sus largos dientes… ¡Eso generalmente calma al rival!

El buitre

Soy un ave con un pico poderoso y alas grandes. No tengo plumas en la cabeza; la tengo recubierta de plumón. Para cazar, vuelo muy alto para descubrir a mis presas. Puedo recorrer largas distancias planeando, sin batir las alas. Tengo una vista excepcional y puedo descubrir el alimento a muchos kilómetros. Vivo en las grietas de las rocas de los acantilados.

¿Ahora ya lo has adivinado? Soy… el buitre.

¿LO SABÍAS?
¿A qué aparato volador se parece el buitre cuando vuela? ¿A un helicóptero? ¿A un planeador? ¡A un planeador, naturalmente! El buitre puede cubrir largas distancias planeando, sin batir las alas.

EXPRESIÓN
Si se dice de alguien que es un buitre, quiere decir que es una persona sin piedad, que no siente lástima por las penas de los otros.

¡RECUERDA!
¿El buitre necesita gafas? ¡Oh, no! La vista de un buitre es excepcional. ¡Puede encontrar el alimento a muchos kilómetros de distancia! Increíble, ¿no?

Créditos

Cubierta anterior: © Volodymyr Burdiak/ Shutterstock.com, © Duncan Noakes/ Fotolia.com, © Kjersti Joergensen/ Shutterstock.com, © Mat Hayward Photography/ Fotolia.com, © Eric Gevaert / Fotolia.com.

Cubierta posterior: © Fotolia XXIV/ Fotolia.com, © NickBiemans 2007/ Fotolia.com, © Yuval Navot/ Shutterstock.com, © Andrzej Kubik/ Shutterstock.com, © Anna Omelchenko. Fotolia.com.

Guarda anterior: © EcoPrint/ Shutterstock.com.

Portada: © Valdis Skudre/ Shutterstock.com.

Índice: © PHOTOCREO Michal Bednarek/ Shutterstock.com, © NickBiemans 2007/ Fotolia.com, © jo Crebbin/ Shutterstock.com, © Seregraff / Shutterstock.com, © Fotolia XXIV/ Fotolia.com, © Utopia_88/ Shutterstock.com, © Sergey Uryadnikov/ Shutterstock.com, © Hedrus/ Fotolia.com, © Andrzej Kubik/ Shutterstock.com, © Jixin YU/ Shutterstock.com, © Jixin YU/ Shutterstock.com, © Oleg Znamenskiy / Fotolia.com, © Foto 4440/ Shutterstock.com, © Hedrus/ Shutterstock.com, © NickEvansKZN/ Shutterstock.com, © Picasa 3.0/ Fotolia.com, © Mikael Damkier/ Shutterstock.com, © Mat Hayward Photography/ Fotolia.com, © WildPix/ Fotolia.com, © Cachorro/ Fotolia.com, © belizar/Fotolia.com.

El león: © Volodymyr Burdiak/ Shutterstock.com, © JohanSwanepoel/ Fotolia.com, © Maggy Meyer/ Shutterstock.com, © Christian Keller/ Fotolia.com.

El guepardo: © Bryan Busovicki/ Fotolia.com, © beckmarkwith,/ Fotolia.com, © mowitsch/ Fotolia.com, © Carola G/ Fotolia.com, © Nick Biemans/ Fotolia.com, © GUDKOV ANDREY/ Shutterstock.com.

La jirafa: © mirkciuke1042/ Shutterstock.com, © meunierd/ Shutterstock.com, © Lu Yang/ Shutterstock.com, © Yuval Navot/ Shutterstock.com.

El simio: © joël BEHR/ Fotolia.com, © WildPix/ Fotolia.com, © pannoneantonio/ Fotolia.com, © Mirko Herbst/ Fotolia.com.

La cebra: © Palenque/ Fotolia.com, © Mari Swanepoel/ Shutterstock.com, © WildPix/ Fotolia.com, © Fotolia XXIV/ Fotolia.com, © Duncan Noakes/ Fotolia.com.

El rinoceronte: © Utopia_88/ Shutterstock.com, © Nico Smit/ Fotolia.com, © Volodymyr Burdiak/ Shutterstock.com, © gala/ Fotolia.com, © EcoView, © naasrautenbach/ Fotolia.com.

El cocodrilo: © Heiko Kiera/ Fotolia.com, © Svetlana Foote/ Shutterstock.com, © wildestanimal/ Shutterstock.com, © Sergey Uryadnikov,/ Fotolia.com.

El elefante: © Mat Hayward Photography/ Fotolia.com, © Keller/ Fotolia.com, © Alexey Osokin/Shutterstock.com, © Duncan Noakes/ Fotolia.com, © Hedrus/ Fotolia.com, © Donovan van Staden/ Shutterstock.com.

El avestruz: © Rudmer Zwerver/ Shutterstock.com, © Sergei25/ Shutterstock.com, © Dominique de La Croix / Shutterstock.com, © Eric Isselée/ Fotolia.com.

El facóquero: © Jixin YU/ Shutterstock.com, © 4uphoto_Valeria De Mattei/ Shutterstock.com, © ArCaLu/ Shutterstock.com, © Christophe Poudras/ Fotolia.com, © Uolir/ Fotolia.com, © Leca Isabelle/ Fotolia.com, © Worakit Sirijinda/ Fotolia.com, © Leca Isabelle/ Fotolia.com.

La gacela: © Oleg Znamenskiy/ Fotolia.com, © sergey02/ Fotolia.com, © nstanev/ Fotolia.com, © siete_vidas/ Shutterstock.com, © Maggy Meye/ Shutterstock.com.

La hiena: © Daniel Mortell/ Fotolia.com, © Andaman/ Shutterstock.com, © Mark Bridger/Shutterstock.com, © gualtiero boffi/ Shutterstock.com, © WildPix/ Fotolia.com, © njsphotography/ Fotolia.com, © Kitch Bain/ Fotolia.com, © EcoView/ Fotolia.com.

La pantera: © Hedrus/ Shutterstock.com, © jeep2499/ Shutterstock.com, © Tony Campbell/ Shutterstock.com, © Stuart G Porter/ Shutterstock.com.

La pitón: © Jessica Blanc/ Fotolia.com, © Oleg Bitner/ Fotolia.com, © morelia1983/ Fotolia.com, © dzimin/ Fotolia.com, © FLUKY FLUKY/ Shutterstock.com, © Heiko Kiera/ Shutterstock.com, © Elina Litovkina/ Shutterstock.com.

El flamenco rosa: © Karel Bartik/ Shutterstock.com, © Antonio Nunes/ Fotolia.com, © RG/ Fotolia.com, © belleepok/ Fotolia.com, © morianpics/ Fotolia.com, © delcos/ Fotolia.com, © Sundaysdinner/ Fotolia.com, © Mariephoto28/ Fotolia.com, © Andrew M. Allport/ Shutterstock.com, © EcoPrint/ Shutterstock.com.

El loro: Mikael Damkier/ Shutterstock.com, © RachelKolokoffHopper/ Shutterstock.com, © Nature Bird Photography/ Shutterstock.com, © Fedor Selivanov/ Shutterstock.com.

El búfalo: © michael sheehan/ Shutterstock.com, © WA van den Noort/ Shutterstock.com, © costas anton dumitrescu/ Shutterstock.com, © Dirk M. de Boer/ Shutterstock.com.

El serval: © Mat Hayward Photography / Fotolia.com, © The Len/ Shutterstock.com, © Maggy Meyer/ Shutterstock.com, © BBA Photography/ Shutterstock.com.

El hipopótamo: © Anton_Ivanov/ Shutterstock.com, © elleon/ Shutterstock.com, © Stuart G Porter/ Shutterstock.com, © UryadnikovS/ Fotolia.com.

El buitre: © Coldmoon Photoproject/ Shutterstock.com, © Eric Isselée/ Fotolia.com, © Eric Isselee/ Shutterstock.com, © EcoPrint/ Shutterstock.com, © Dean Pennala/ Shutterstock.com.

Guarda posterior: © Vladimir Sazonov/ Shutterstock.com.

Título original: *Je découvre les animaux de la savane en m'amusant*
© LOSANGE, 63400 Chamalières, France, 2016
   Publicado por acuerdo con IMC Agencia Literaria
© Traducción: Teresa Broseta Fandos, 2018
© Algar Editorial
   Apartado de correos, 225 - 46600 Alzira
   www.algareditorial.com
Impresión: Liberdúplex

1.ª edición: marzo, 2018
ISBN: 978-84-9142-113-9
DL: V-603-2018